BEI GRIN MACHT SICH IHR WISSEN BEZAHLT

- Wir veröffentlichen Ihre Hausarbeit, Bachelor- und Masterarbeit

- Ihr eigenes eBook und Buch - weltweit in allen wichtigen Shops

- Verdienen Sie an jedem Verkauf

Jetzt bei www.GRIN.com hochladen und kostenlos publizieren

Bibliografische Information der Deutschen Nationalbibliothek:

Die Deutsche Bibliothek verzeichnet diese Publikation in der Deutschen National-bibliografie; detaillierte bibliografische Daten sind im Internet über http://dnb.d-nb.de/ abrufbar.

Impressum:

Copyright © 2017 GRIN Verlag, Open Publishing GmbH
Druck und Bindung: Books on Demand GmbH, Norderstedt Germany
ISBN: 9783668587120

Dieses Buch bei GRIN:

http://www.grin.com/de/e-book/383142/probleme-der-literaturverfilmung-in-john-greenes-das-schicksal-ist-ein

Melina Keller

Probleme der Literaturverfilmung in John Greenes "Das Schicksal ist ein mieser Verräter"

GRIN Verlag

Probleme der Literaturverfilmung in John Greenes
„Das Schicksal ist ein mieser Verräter"

Verfasserin: Melina Keller

Schuljahr 2016/2017
Gymnasium Wolbeck

Inhaltsverzeichnis

1. Einleitung

„Wenn es dieses Jahr einen Film gibt, der von einer unüberschaubar großen Masse enthusiastischer Teenager sehnsüchtig erwartet wird, dann ist es wohl 'Das Schicksal ist ein mieser Verräter' "[1]. Dieses Zitat erschien 2014 in einem Artikel auf „Spiegel"-online über die Kinoverfilmung des meistgelesenen Jugendbuchs aus dem Jahr 2013. Der vom Bestsellerautor John Green verfasste Roman „Das Schicksal ist ein mieser Verräter" (Originaltitel: „The Fault In Our Stars"), erlangte nach Erscheinung große Aufmerksamkeit, besonders unter Jugendlichen. Das Buch ist ein typischer Adoleszenzroman und dreht sich um die Liebesbeziehung der sechzehnjährigen Hazel Grace Lancaster und dem siebzehnjährigen Augustus Waters. Beide sind Krebspatienten und lernen sich in einer Selbsthilfegruppe kennen. Im Mittelpunkt des Buchs steht die Entwicklung ihrer Beziehung, sowie ihre tödliche Krankheit. Der Roman wurde bis heute in über 40 Sprachen übersetzt und weltweit millionenfach verkauft.

Ich persönlich habe das Buch aufgrund der vielen positiven Rezensionen selbst bereits früh gelesen, sowie auch die Kinofilmfassung gesehen und war von der Geschichte und den Protagonisten begeistert. Nach diesem extremen Erfolg des Bestsellerromans stellt sich nun aber die Frage, ob dieser anschließend wirklich zur Umsetzung der beliebten Handlung, oder aufgrund seines Status, aus rein kommerziellen Gründen verfilmt wurde. So lautet meine Problemfrage angelehnt an diese Überlegung: „Probleme der Literaturverfilmung in John Greenes „Das Schicksal ist ein mieser Verräter".

Im Folgenden werde ich die Handlung im Buch im Vergleich zur Umsetzung der filmischen Version analysieren und vergleichen, um dann herausstellen zu können, ob der Roman wahrheitsgetreu verfilmt wurde. Dabei werde ich mich daran orientieren, ob die Innensicht der Protagonisten wahrheitsgemäß dargestellt wird und ob die Handlung sich inhaltlich aufgrund von fehlenden oder abgeänderten Figuren und Szenen, anhand einiger Beispielszenen, unterscheidet.

2. Inhaltsangabe

Hazel Grace Lancaster ist sechzehn Jahre alt und leidet an einer unheilbaren Form von Schilddrüsenkrebs. Da ihre Eltern davon überzeugt sind, dass sie depressiv ist, wird sie von ihnen zu einer Selbsthilfegruppe geschickt, in welcher sie über den gemeinsamem Freund Isaac, Augustus kennenlernt.

---

[1] Benjamin Moldenhauer, „*Das Schicksal ist ein mieser Verräter - Tränentreibende Glücksmomente*", veröffentlicht im Internet unter www.spiegel.de. Download am 14.03.2017

Augustus 'Gus' Waters ist siebzehn, ehemaliger Basketballspieler und hat aufgrund seines Knochenkrebs ein Bein verloren. Die beiden werden sehr schnell gute Freunde und fahren direkt nach ihrem ersten Treffen zusammen zu Gus nach Hause, um einen Film zu schauen. Sie wird gleich seiner Familie vorgestellt und isst mit ihnen zu Abend. Die beiden Jugendlichen fühlen sich durch ihr gemeinsames Schicksal verbunden. Hazel allerdings kann Augustus nicht richtig an sich heranlassen, das sie große Angst hat andere Menschen zu verletzen. Nachdem sie sogar ihre Lieblingsbücher miteinander getauscht haben und auch Augustus nicht mehr von Hazels absolutem Lieblingsroman „Ein herrschaftliches Leiden" loskommt, nimmt dieser Kontakt zum Autor Peter Van Houten auf und löst seinen Feenwunsch dafür ein, mit Hazel nach Amsterdam zu fliegen um diesen zu Besuchen und endlich das ungeklärte Ende des Buchs zu erfahren.

Der Weg zum Flughafen gestaltet sich als sehr unangenehm, da Hazel und ihre Mutter Gus zuvor mit seiner Mutter haben streiten hören. Der Grund bleibt jedoch zunächst ungeklärt und sie bemitleiden ihn. Auf dem Flug nach Amsterdam lockert sich die Stimmung wieder auf und Augustus gesteht Hazel schließlich seine Liebe. Diese verträumte Atmosphäre bleibt während des romantischen Abendessens im Restaurant „Oranjee", sowie auch kurz vor dem Besuch bei Peter Van Houten erhalten. Sobald die beiden jedoch im Haus des Autors sitzen und merken, dass sie unerwünscht sind und Van Houten zudem alkoholisiert ist und beginnt sich über sie lächerlich zu machen, bis hin zu Beleidigungen, rastet Hazel aus, brüllt ihn an und will mit Gus zurück zum Hotel verschwinden.

Van Houten, welcher seine neunjährige Tochter durch eine seltene Form von Blutkrebs verlor, hat ihren Tod noch immer nicht verarbeitet und versucht diesen mit Hilfe von Alkohol zu verdrängen. Durch den Besuch der zwei ebenfalls betroffenen Teenager wird er wieder mit seiner Vergangenheit konfrontiert, vor der er so lange weggelaufen ist. Er kann nur sehr schwer akzeptieren, dass seine Tochter so früh sterben musste, während Hazel und Augustus immer noch, mit ihrer Krankheit leben können. Allerdings werden die Zwei von Van Houtens Assistentin Lidewij aufgehalten und erklären sich schließlich nach kurzem Bedenken bereit, sich mit ihr das naheliegende Anne-Frank-Haus anzusehen. Dort küssen sich Hazel und Augustus das erste Mal, nachdem sich Hazel die vielen steilen Treppenstufen hoch gequält hat und fast zusammengebrochen wäre.

Zurück im Hotel eröffnet ihr Augustus dann am Abend vor ihrer Abreise, dass sein Krebs zurückgekommen ist und durch seinen ganzen Körper gestreut hat. Von diesem Punkt an kippt die Stimmung im Buch und Augustus Zustand verschlechtert sich zu Hause, trotz einer neuen Therapie, immer weiter. Als Hazel ihn besucht hat er ins Bett gemacht und mitten in der Nacht

2

wird sie von ihm angerufen und gebeten zu einer Tankstelle zu kommen, wo er im Auto völlig aufgelöst auf sie wartet und sie einen Krankenwagen rufen muss. Seine Krankheit schreitet immer weiter voran.

Eines Nachmittags wird Hazel von ihm zusammen mit Isaac in eine Kapelle zu einer Vor-Beerdigung bestellt, um ihm dort ihre Grabrede für seine Beerdigung zu halten, die sie für den jeweils anderen vor einiger Zeit geschrieben haben. Zu diesem Zeitpunkt kann er sich schon nur noch im Rollstuhl fortbewegen. Ein paar Tage darauf erliegt Augustus seinem Krebsleiden. Bei seiner Beerdigung hält Hazel allerdings eine andere Rede, da sie erkennt, dass es nun nicht mehr darum geht den Verstorbenen zu ehren, sondern die Hinterbliebenen zu trösten. Negativ überrascht muss Hazel feststellen, dass auch Van Houten aufgetaucht ist, der auf Gus Wunsch zu seiner Beerdigung angereist ist. Dieser überreicht ihr einen Brief den Augustus an ihn geschrieben hat, in welchem er ihn um seine Hilfe für Hazels Grabrede bittet und ihm von seiner Liebe zu Hazel erzählt und wie dankbar er für die Erfahrung der wahren Liebe ist.

3. Literaturverfilmungen

Um die inhaltliche Umsetzung des Buchs in das visuelle Medium des Films beurteilen zu können, ist es unter anderem wichtig, sich erst einmal mit den verschiedenen Arten der Literaturverfilmung vertraut zu machen. So kann anhand von kategoriespezifischen Kriterien noch besser eine kritisch Betrachtung stattfinden. Bei einer Literaturverfilmung wird ein literarisches Werk als Vorlage genommen und in das visuelle Medium Film umgesetzt[2]. Als Basis können jegliche Formen von Romanen, Dramen, Erzählungen oder auch Kurzgeschichten dienen.

Nach Helmut Kreuzer, einem deutschen Literaturwissenschaftler, gibt es vier Arten der Literaturadaption. Die am häufigsten verbreitete Adaption ist die Aneignung von literarischem Stoff. Hierbei werden einzelne Handlungselemente oder Figuren übernommen und in den Filmkontext eingebaut.

Die zweite, ebenfalls recht verbreitete Adaptionsart, ist die sogenannte Illustration, bei welcher sich so weit wie möglich an den Handlungsvorgang und die Figurenkonstellation der Vorlage gehalten wird. Teilweise werden sogar ganze Dialoge wortwörtlich übernommen.

---

[2] Wolfgang Gast/Knut Hickethier, Burkard Vollmers, *„Gegenwartsliteratur und Fernsehen"*, in Hans Gerd Rötzer (Hrsg.), *„literatur verfilmung"*. Bamberg: c.c. buchners Verlag, 1999. S.14

Die dritte Art der Adaption stellt die Transformation dar. Es wir nicht nur die Inhaltsebene übertragen, sonder vielmehr die Form-Inhaltsbeziehung der dramatischen Vorlage.

Als letzte Adaptionsart nennt Kreuzer die Dokumentation, die Reproduktion eines Theaterwerkes in ein anderes Medium[3]. Die tatsächliche visuelle Umsetzung von Literatur beinhaltet viele Problematiken. So müssen die Beschreibungen des Autors visuell dargestellt werden. Es müssen also passende Schauspieler gefunden werden. Die herrschende Atmosphäre, die im Buch nur durch Sprache kreiert wird, kann im Film nur durch passende Verwendung von Musik, Ton und der Umgebung erzielt werden.

Eine besondere Problematik stellt die Innensicht der Figuren dar. Diese kann in der Literaturvorlage durch erzählerische Elemente wie die Ich-Perspektive ausgedrückt werden. Im Film hingegen besitzt der Zuschauer eine objektive Außensicht. Auch wenn es einen narrativen Erzähler gibt, müssen trotzdem durch Handlungen und Körpersprache die entsprechenden Gefühle porträtiert werden. Hinzukommend, kann der Autor Nebenhandlung ohne Probleme während der Haupthandlung ablaufen lassen, während die im Medium Film nicht möglich ist. Den Protagonisten der Geschichte muss so viel Raum wie möglich geschaffen werden, sodass die Umsetzung von Nebenhandlungsstränge zu einer großen Problematik wird[4].

4. Darstellung der Personen (Buch und Film) im Vergleich

4.1 Hazel Grace Lancaster

Außer die Art, wie eine Buchvorlage verfilmt wird, müssen natürlich noch weitere Faktoren mit in die Bewertung einbezogen werden. Da der Film „Das Schicksal ist ein mieser Verräter" sich der Kategorie der Illustration zuordnen lässt, sich die Handlung und Figuren also so nah wie möglich an das ursprünglichen Buch halten, ist nun die genaue Umsetzung der Protagonisten, sowie Nebenfiguren und Schlüsselszenen zu betrachten. Angefangen bei der Protagonistin des Romans „Das Schicksal ist ein mieser Verräter" und des gleichnamigen Films, Hazel Grace Lancaster, welche die, in der Vergangenheitsform sprechende Ich-Erzählerin im Buch darstellt. Die Leser werden durch diese Erzählperspektive in ihre Gedanken und Gefühle eingeweiht, allerdings auch durch ihre Sicht beschränkt.

---

[3] Helmut Kreuzer, „Arten der Literaturadaption", in Hans Gerd Rötzer (Hrsg.), „literatur verfilmung". Bamberg: c.c. buchners Verlag, 1999. S.27-31
[4] Frank Hellberg, Wolf Liebelt, „Literaturverfilmungen im Unterricht", veröffentlicht im Internet unter www.fachdidaktik-einecke.de. Download am 26.03.2017

Hazel erzählt ihre Geschichte in einer jugendlichen Umgangssprache, bewahrt jedoch immer ihre teils sehr philosophischen inneren Monologe und ihren ironisch-realistischen Grundton. Sie beschäftigt sich mit vielen existenziellen Fragen zum Leben und Tod und hat teilweise sehr tiefgründige Gedanken: „Krebskinder sind die Nebenwirkung der unermüdlichen Mutation, die die Vielfalt des Lebens auf der Erde ermöglicht[5]." Oft wirkt sie durch ihre sehr direkte Sprache offen und schonungslos, besonders im Kontext ihrer unheilbaren Krebserkrankung (vgl. Green S.111).

In der filmischen Version stellt sie ebenfalls die Ich-Erzählerin dar und kommentiert die zu sehende Handlung in einem Voice Over. Besonders in den ersten drei Minuten, vermittelt sie ein ganz klares pessimistisches Bild und stellt klar, dass sie ihr Leben „ätzend" findet. Hazel spricht in einem sehr sarkastischen Ton und ziemlich umgangssprachlich von ihrer Situation und bemitleidet sich teilweise selber dabei etwas (vgl. 00:00:00-00:03:00). Sie besitzt absolut keine Lebenslust mehr und beschreibt ihren Alltag als sehr eintönig (vgl. 00:05:00-00:05:20).

Auch ihr Aussehen beschreibt die Ich-Erzählerin Hazel zu Beginn des Romans sehr stumpf und abfällig. Sie trägt alte flatternde Jeans, hat einen ungebürsteten Bubikopf, den man nach einer Glatze trägt, grotesk aufgeblasene Hamsterbacken, geschwollene Fesseln und sieht aus wie ein normal gebauter Mensch mit einem Luftballonkopf (vgl. Green S.15). Dies wird im Film durch die Auswahl der Schauspielerin relativ passend umgesetzt. Sie hat wie beschrieben kurze braune Haare, trägt zum Ausdruck der Vernachlässigung ihres Aussehens eine weite, dunkel blaue Jogginghose. Zudem ist sie bis auf ein weißes Shirt nur in dunklen Farben gekleidet (vgl. 00:04:35). Sie besitzt kein Selbstwertgefühl, hat große Selbstzweifel, verachtet sich und ihr Aussehen und spricht sehr geringschätzig von sich.

Für Hazel ist das Schlimmste am Krebs die Sichtbarkeit für die Öffentlichkeit. Das ihr Aussehen und ihre Lebensgeschichte sie so offensichtlich von andern Menschen unterscheidet, vermittelt ihr das Gefühl des Andersseins und sie fühlt sich als Außenseiterin ausgeschlossen und ungewollt von der restlichen Welt ist (vgl. Green S.155). Als sie und Augustus sich im Film das erste Mal unterhalten, sagt dieser ihr sehr direkt, dass er sie schön findet, woraufhin sie überfordert und überrascht wirkt, da sie gar nicht verstehen kann, dass jemand sie attraktiv finden könnte. Hazel

---

[5] John Green, *Das Schicksal ist ein mieser Verräter.* München: Deutscher Taschenbuch Verlag, 2012. S.58 : künftig zitiert als " ‚Green' "

findet sich selbst abstoßend und kann sein Kompliment nicht ernst nehmen (vgl. 00:10:47-00:11:05).

Besonders zu Beginn des Romans befindet sie sich in einer sehr schwierigen psychischen Lage. Sie verlässt kaum das Haus, verbringt sehr viel Zeit im Bett, liest immer wieder das selbe Buch, isst wenig und verbringt einen Großteil ihrer restlichen Zeit damit, über den Tod nachzudenken (vgl. Green S.9). Hazel hat außer ihren Eltern, welche sie als ihre besten Freunde bezeichnet, keine richtigen Freunde in ihrem Alter, da sie seit drei Jahren nicht mehr zur Schule geht, und sich auch sonst eher höflich im Hintergrund hält (Green S.19). Sie will so wenig Kontakt zu andern Menschen wie möglich, da sie große Angst hat noch mehr Menschen als nötig durch ihren Tod verletzen. Hazel glaubt, dass sie nicht das Recht dazu hat. Sie ist zum Beispiel ebenfalls Vegetarierin um auch die Zahl der Tode, für die sie verantwortlich ist möglichst klein zu halten (vgl. Green S.35/111). „Ich bin eine Bombe.[…] Und deshalb halte ich mich lieber fern von allen, lese Bücher, denke nach und hänge mit euch rum, weil ich nichts dagegen machen kann, dass ich euch mit ins Unglück reiße (vgl. Green S.111)". Dieses sagt Hazel beim Abendessen zu ihren Eltern, nachdem sie sich stundenlang vorher mit Augustus Ex-Freundin Caroline beschäftigt hat, die an einem Hirntumor ein Jahr zuvor starb. Sie bezieht sich dabei auch den Tod des Mädchens, den sie auf sich und ihre Krankheit überträgt, wohingegen sie diesen Satz im Film eines Abends zu Augustus sagt. Zu diesem Zeitpunkt ist sie gerade nach einem Krankenhausaufenthalt, aufgrund von einer schlimmen Wassereinlagerung in der Lunge, wieder zu Hause. Hazel lässt ihn die ersten Tage nicht mehr an sich heran, und als sie ihn dann doch schließlich anruft und die beiden sich in ihrem Garten auf der Schaukel unterhalten, geht diese Zitat von ihr aus und von ihrem gesundheitlichen Zustand, nicht von jemand fremden. Insgesamt ist sie in sozialen Interaktionen eher ungeübt und sehr selbstkritisch, da sie sich mit anderen Mitmenschen vergleicht (vgl. Green S.44). So ist die auch während ihrer ersten Unterhaltung mit Gus extrem angespannt und nervös und sie weiß nicht s recht wie sie sich ihm gegenüber verhalten soll. Vor allem kann sie sein Verhalten und seine Reaktionen nicht deuten und vermittelt deswegen einen sehr ungeübten Eindruck.

Obwohl sie immer noch Kontakt zu ihrer besten Freundin Kaitlyn aus Schulzeiten hat, ist auch der Umgang mit ihr nicht weniger distanziert als mit anderen, da Kaitlyn ihr gegenüber sehr verunsichert ist und Hazel sich aufgrund ihrer Krankheit anders und nicht dazugehörig fühlt (vgl. Green). S.52/53). Im Film existiert diese jedoch nicht, und Hazel wirkt so noch einsamer und ausgeschlossener, ohne Verbindung zur Außenwelt.

Eine bedeutende Rolle in John Greenes Roman spielt vor allem Hazels Lieblingsbuch „Ein herrschaftliches Leiden", von ihrem Lieblingsautor Peter Van Houten, welches ebenfalls von einem krebskranken Mädchen und ihrem Leben handelt. Es ist für sie besonders persönlich und kostbar, da sie sich durch das Buch verstanden und nicht noch ausgeschlossener fühlt und sich mit der Geschichte identifizieren kann; Hazel betitelt es sehr ausdrucksstark als „*mein* Buch" (vgl. Green S.41). Ihre Fixiertheit auf diesen spezifischen Roman wird im Film besonders dadurch hervorgehoben, dass sie das Buch überall mit hinnimmt, zum Beispiel in ein Café (vgl. 00:01:48-00:02:04) und, dass die Seiten bereits beschrieben sind (vgl. 00:02:03). Dies zeigt dem Zuschauer die Häufigkeit und Intensität mit der sie sich mit diesem Buch beschäftigt. Zudem wird sie beim Besuch des Autoren in Amsterdam, im Buch, sowie auch im Film sehr sauer und wütend, als dieser sich als Alkoholiker entpuppt und sich weigert, ihr und Gus die Antworten zu dem Buch zu geben, die sie haben wollen. Ihr ist dies so unglaublich wichtig, dass sie in anbrüllt und beleidigt (vgl. Green S.204-207) (vgl. 01:12:07-01:15:53). Nach diesem Besuch allerdings spielt der eigentliche Intention der Reise plötzlich keine Rolle mehr, da sie nach der Auseinandersetzung, mit ihrem Lieblingsroman, auf der vorher ein wichtiger Teil ihrer Lebens war ablöst und und sich auf die Realität konzentrieren kann, anstelle der fiktiven Welt, in die sie sich sonst entfliehen konnte. Jetzt hat sie Augustus an ihrer Seite, der für sie die gleiche unterstützende und Kraft und Verständnis spende Funktion hat.

Hazel Grace lässt in der ersten Hälfte des Romans ihre Krankheit die Oberhand gewinnen, da sie sich schon aufgegeben hat und keinen Sinn mehr darin sieht, etwas aus ihren Leben zu machen, welches wieder auf ihre täglichen gedanklichen Auseinandersetzungen auf den Tod hinweist (vgl. Green S.9). Sie tut alles nur für ihre geliebten Eltern. Sie spielt ihnen vor, dass es ihr gut geht und besucht die Selbsthilfegruppe in die ihre Mutter sie schickt, nur um ihre Eltern so wenig wie möglich zu verletzen (vgl. Green S.293). Die Selbsthilfegruppe, eine Idee ihrer Ärztin, besucht sie im Film nur auf den ausdrücklichen Wunsch ihrer Eltern, da sie der Meinung ist, dass das einzige was noch schlimmer ist, als an Krebs zu sterben, ein Kind zu haben ist, welches an Krebs stirbt. Hazel bemitleidet ihre Eltern und fühlt sich schuldig dafür, dass sie kein gesundes Kind und ein normales Leben führen können. Sie stellt ihre Eltern über sich und alles andere (vgl. 00:05:48-00:06:19).

Die neue Freundschaft zu Augustus Waters gibt ihr wieder einen Grund weiterzumachen und sich noch nicht aufzugeben, da er ihr zeigt, dass das Leben trotz Krebs lebenswert sein kann. Allein, dass er sich ganz explizit für sie interessiert, mit ihr Zeit verbringen und mehr über sie wissen möchte, zeigt ihr das sie als Mensch wertvoll ist und das ihr Leben von Wert ist und sehr wohl Bedeutung hat, wenn man andere Menschen daran teilhaben lässt. Zudem ist er Hazels einzige stabile Verbindung zur Außenwelt und zur Gesellschaft der gleichaltrigen, trotz ihrer Freundschaft mit Kaitlyn und den sporadischen Treffen. Die Beziehung der beiden jungen Mädchen wird eher immer distanzierter und gibt Hazel schon länger keinen Halt mehr.

Es lässt sich sehr deutlich ein Entwicklungsprozess erkennen, vom Anfang bis zu Ende des Buchs. Zu Beginn ist Hazel Grace ein Mädchen, dass in ihrer eigenen Welt lebt, sehr ich-bezogen und egoistisch ist. Durch ihre immer stärker wachsende Liebesbeziehung zu Augustus verändert sich allerdings langsam ihre Perspektive auf die Welt und das Leben. Sie entwickelt altruistische Züge, da sie ihr Leid und ihr Schicksal akzeptiert hat und diese nicht mehr in den Mittelpunkt stellt (vgl. Green S.313). Im Vordergrund von Hazels Leben befindet sich nicht mehr nur ihre Geschichte, sondern sie kümmert sich auch um andere, wie zum Beispiel hauptsächlich um Gus, nachdem sein Krebs erneut ausbricht (vgl. Green S.256/259-260), oder auch Isaac, den die nach seiner Augenoperation im Krankenhaus besucht (vgl. Green) S.83).

4.2 Augustus Waters

Der zweite Protagonist des Romans, ist der komplette Gegensatz zu Hazel. Gus, wie er von seinen Freunden genannt wird, ist ein sehr optimistischer und intelligenter junger Mann, mit einer Vorliebe für Metaphern (vgl. Green S.28). Er ist voller Lebensenergie und versucht sein Schicksal nicht so schwer zu nehmen. Als er sich bei der Gruppenstunde vorstellt, wirkt er sehr positiv, selbstbewusst, lebensfroh und zuversichtlich für die Zukunft (vgl. 00:08:17-00:08:44).

Augustus wird als groß und schlaksig, mit kastanienbraunen glatten kurzen Haaren und einer schlechten Haltung beschrieben (vgl. Green S.15). Zudem sieht man ihm an, dass eins seiner Beine eine Prothese ist, da er beim Laufen leicht nach rechts und links schwankt (vgl. Green S.25). Während seiner ersten Begegnung mit Hazel vor der Selbsthilfegruppe im Film, trägt er eine braune Lederjacke, ein graues T-Shirt, blaue Jeans und hat hellbraune glatte kurze Haare (vgl.00:06:30). Als er durch eine Tür um die Ecke laufen will, rammt er gegen die andere Hälfte der Doppeltür, was auf seine Prothese deuten könnte, die eines seiner Beine ersetzt (vgl. 00:06:42).

Doch auch er hat aufgrund seiner Krankheitsgeschichte, kein einfaches Leben gehabt und seine größte Angst, ist es vergessen zu werden (vgl. Green S.18). Er fürchtet sich davor, im Austausch für sein Leben, nichts geben zu können, denn seiner Meinung nach sollte, wenn man sein Leben schon nicht einem höheren Zweck widmet, wenigstens der Tod einem höheren Zweck dienen. Augustus hat als schlussfolgernd am meisten Angst davor, dass weder sein Leben noch sein Tod irgendwelche Bedeutung haben und sich deswegen niemand daran erinnern wird, dass er je auf dieser Erde gelebt hat (vgl. Green S.180).

Über seine innere Gefühlswelt wird im Buch nur sehr wenig preisgegeben, da der Roman aus Hazels Perspektive erzählt wird und man nur etwas über seinen Zustand erfährt, wenn er es ihr entweder anvertraut oder er sich in einer Situation befindet, in welcher es offensichtlich ist, wie es ihm geht oder wie er sich fühlt. Was Augustus tatsächlich denkt kann man ebenfalls nur vermuten, da er auch dies nicht immer direkt ausspricht. Da selbe gilt für den Film, in dem die Sicht ebenfalls durch Hazel begrenzt ist, allerdings kann man durch die visuelle Komponente etwas besser in die Gefühle und Situationen der anderen Personen eingeführt werden.

Ein Beispiel für eine der Szenen in denen klar hervorgeht, dass es ihm nicht gut geht, ist zum Beispiel der Streit mit seiner Mutter, den die beiden im Haus führen kurz bevor er von Hazel und ihrer Mutter abgeholt wird, um zum Flughafen zu fahren. Während die beiden vor seiner Haustür stehen um ihn abzuholen, hören sie einen kurzen Ausschnitt aus einer Auseinandersetzungen zwischen Augustus und seiner Mutter. In dieser Situation hört Hazel wie er laut weint und seine Mutter anschreit (vgl. Green S.150). Hier lässt sich das erste Mal erahnen, dass nicht alles in seinem Leben nur positiv ist, wie er es darstellt und er auch Momente hat, in denen er traurig oder wütend ist. Zudem deutet diese kurze besondere Szene bereits an, dass sein Krebs zurück ist. Diese Vermutung könnte den plötzlichen Umschwung seiner Gefühle erklären, auch wenn er Hazel dies nicht absichtlich offenbart und auch die Aussage, die er an seine Mutter richtet: „WEIL ES MEIN LEBEN IST, MOM. ES GEHÖRT MIR (vgl. Green S.150).", unterstützt diese Vermutung, weil er mit Hazel nach Amsterdam reisen möchte egal wie es ihm geht, da es sein Leben ist und er die Macht besitzt, zumindest darüber frei entscheiden zu können. Hier wird also sehr deutlich, dass er in diesem Moment traurig, wütend und auch hilflos ist, im Gegensatz zu seiner sonst so positiven Grundeinstellung.

Auf den Flug nach Amsterdam mit Hazel und ihrer Mutter versucht er sich im Buch (vgl. Green S.157), sowie auch im Film (vgl. 00:53:46-00:54:55) durch eine seiner Zigarettenmetapher zu beruhigen, welches ihm jedoch von einer Stewardess untersagt wird. Anstatt dessen hält Hazel seine Hand während des Starts. Der Flug ist im Roman in zwei Etappen unterteilt. Beim tatsächlichen Flug nach Amsterdam gesteht Gus Hazel, kurz vor der Landung seine Liebe (vgl. Green S.165). Nachdem sie ihm die Sicherheit und Vertrautheit gegeben hat, die er sonst nur durch seine Zigaretten spürt. Die Liebeserklärung folgt im Film erst beim gemeinsamen Abendessen im Oranjee (vgl. 01:03:09-01:03:55), auf dem Flug jedoch hat Hazel nur Augen für Augustus, während dieser aufmerksam dem Film folgt, den die beiden gemeinsam schauen (vgl. 00:55:10-00:55:33). Hier ist es als genau umgekehrt, als im Original.

Ein weiteres Beispiel in dem man seinen Zustand indirekt vermittelt bekommt, ist Hazels Krankenbesuch, bei ihm einen Monat nachdem sie aus Amsterdam zurückgekehrt sind und er ihr von seinem Rückfall erzählt hat. Als sie in sein Zimmer tritt, findet sie Augustus in seinem Bett vor, wie er sich ein gepinkelt hat und von Medikamenten betäubt in seiner eigenen Sprache vor sich hin murmelt (vgl. Green S.265). Dies ist ein sehr verwundbarer Moment, da Hazel vollständig realisiert wie schlecht es ihm geht und, dass sein Krebs die Oberhand gewonnen hat. Ab diesem Punkt der Geschichte verschlechtert sich nicht nur sein physischer, sondern auch sein psychischer Zustand immer weiter. Im Film wird dieser Punkt erst klar, als er Hazel eines Nachts anruft und sie bittet zu einer Tankstelle zu fahren, an welcher auf sie wartet. Dort findet sie ihn in einem schlechten Zustand auf. Seine Sonde im Bau hat sich entzündet, er muss sich auf seinen Schoß übergeben und er weint vor Verzweiflung und Schmerzen. Sie ruft trotz seiner Bitte es nicht zu tun einen Krankenwagen, da ihr klar wir, dass er nicht mehr die Macht über seinen eigenen Körper hat, sonder sein Krebs diese übernommen hat. Er wiederholt mehrmals die Aussage, dass er sich hasst und gibt somit sich selbst die Schuld an der Krankheit und das für ihn ein Krankenwagen gerufen werden muss (vgl. 01:35:55-01:36:04). Auf der Fahrt ins Krankenhaus, kann er seine Schmerzen kaum aushalten und nur Hazel kann ihn beruhigen (vgl. 01:34:19-01:38:28).

Trotzdem verliert er nicht seine optimistische Weltansicht und geht weiterhin sehr sarkastisch-ironisch mit seinem Schicksal um. Dies wir besonders deutlich, als er Hazel und seinen besten Freund Isaac zu seiner Vorbeerdigung einlädt um sich seine eigenen Grabreden anzuhören. Er nimmt die Situation nicht ernst, sondern mit viel Humor und versucht sogar in einem Moment, der für seine Freunde sehr schwer zu ertragen ist, witzig zu sein (vgl. Green S.270/276). Auch bei der entsprechenden Filmsequenz, sitzt Gus lächelnd in seinem Rollstuhl vor den Podium und wirkt sehr zufrieden, glücklich und unglaublich dankbar für seine Freunde und das Leben, das er führt (vgl. 01:46:28-01:52:15).

Bei Augustus gibt es keine so offensichtliche Entwicklung, wie bei Hazel im Verlauf des Buchs. Er verliert bis zu seine Tod nicht seinen Optimismus und seine starke Persönlichkeit. Dennoch muss er sich auch seiner Schwächen und Grenzen bewusst werden, die er mit Voranschreiten der Krankheit immer deutlicher zu spüren bekommt.

5. Differenzen in der Handlung zwischen Roman und Film

5.1 Figuren die nicht in den Film übernommen wurden

5.1.1 Caroline Mathers

Da ein Film im Vergleich zur Länge eines Buchs natürlich viel kürzer ist und viel weniger Raum für die Vollständige Geschichte des Buchs bietet, muss an vielen Stellen gekürzt und gespart werden, um die Umsetzung in das visuelle Medium zu ermöglichen.

Caroline Mathers ist ein Beispiel für einen solchen Fall. Sie ist Augustus Ex-Freundin, welche an Krebs gestorben ist und spielt im Buch besonders für Hazel eine große Rolle. Sie hatte dunkelbraune Augen (vgl. Green S.107), glatte, tiefschwarze Haare, eine kurvige Statur und war bildschön (vgl. Green S.108). Sie hatte einen Gehirntumor, der ihr immer mehr Persönlichkeit nahm und Wutanfälle, sowie extreme Frustration hervorrief (vgl. Green S.112). Aufgrund dieses schlimmen Leidenswegs, formuliert Augustus ihren Tod auch so, dass sie vom „[…] Menschsein erlöst [wurde] [...]" (vgl. Green S.81).

Caroline war Augustus erster Kuss, weswegen er Hazel auch von ihr erzählt, als sie darüber sprechen (vgl. Green S.81). Die beiden waren bis zu ihrem Tod zusammen und Gus ist nicht von ihrer Seite gewichen, trotz des schwankenden Gemütszustands, was seine Darstellung wieder verändert. Es stellt sehr deutlich heraus, dass er nicht nur ein gutaussehender junger Teenager ist, sondern auch sehr vertrauenswürdig, loyal und mitfühlend ist. In ihren extremen Krankheitsphasen, ähnelt sie Hazel vom Aussehen her sehr stark (vgl. Green S.108). Dies erklärt unter anderem auch warum Augustus sie bei ihrer ersten Begegnung so angestarrt hat. Sie beschäftigt sich nachdem sie von ihr erfahren hat, sehr ausführlich mit ihr.

Obwohl sie Augustus Ex-Freundin ist, hasst Hazel sie nicht, sondern bemitleidet sie eher, dass sie nie mehr als krank gewesen ist (vgl. Green S.112). Besonders ihre Annahme, dass Caroline eine Bombe war, welche jeden in ihrer Nähe mit Splittern getroffen hat, als sie hochging (vgl. Green S.110), bedrückt sie sehr und sie überträgt dies auch auf sich. Es geht sogar so weit, dass Hazel sich selbst Metastasen in ihrem Hirn vorstellt und davon Kopfschmerzen bekommt (vgl. Green S.108-109). Ihre seelische Belastung steigt mit allem, was sie über Carolines Krankheitsgeschichte herausfindet immer weiter an. Sogar ihre Eltern bemerken beim gemeinsamen Abendessen, dass etwas nicht stimmt und sie etwas belastet (vgl. Green S.109-110). So bricht sie schlussendlich zusammen und will niemanden mehr an sich heranlassen und so wenig Kontakt mit anderen Menschen haben wie möglich, um nicht unnötig viele zu verletzten und mit ins Unglück zu reißen (vgl. Green S.111).

5.1.2 Kaitlyn

Auch Hazels einzige Freundin aus ihrer alten Schule, spielt im Buch zwar nur eine kleine Rolle, ist aber im Film nicht zu finden. Kaitlyn, welche Hazel seit der Grundschule kennt, wird als fünfundzwanzigjährige Britin in einem sechzehnjährigen Körper einer Amerikanerin beschrieben und ist das komplette Gegenteil von Hazel. Sie ist ein eher oberflächlicher Mensch und interessiert sich zum Beispiel, als Hazel ihr das erste Mal von Augustus erzählt, nur für sein Aussehen anstatt für seinen Charakter (vgl. Green S.105). Zudem ist sie sehr offen, ehrlich und spricht das aus, was sie denkt (vgl. Green S.105). Auch ist Kaitlyn stets um Hazels Gesundheit besorgt.

Außer ihr, hat Hazel mit keinem anderen ihrer alten Freunde noch Kontakt, jedoch haben auch diese beiden sich auseinandergelebt. Kaitlyn weiß nicht recht, wie sie mit Hazels Krebserkrankung umgehen soll und so ist die Stimmung zwischen ihnen oftmals voller Unsicherheit und Zurückhaltung. Sie hat viele Freunde und einen vollgepackten soziales Leben und porträtiert das typische Bild eines beliebten, modebewussten Mädchens (vgl. Green S.52-53). Daher kann man annehmen, dass Hazel auch einmal sehr beliebt und hübsch gewesen ist, als sie noch zur Schule ging und Teil von Kaitlyns beliebter Clique war. Zudem ist sie neben Augustus und Isaac eine weitere Verbindung zur Außenwelt und zusätzlich noch zu ihrem alten Leben vor der Krebsdiagnose. Diese Verbindung fehlt im Film und sie wird somit wieder leicht in die Außenseiterrolle gedrückt, was in der ursprünglichen Romanhandlung zwar auch thematisiert wird, jedoch eher dezenter dargestellt wird.

5.3 Szenen die nicht in den Film übernommen wurden

Bei einzelnen Teilen der Handlung der Buchvorlage, muss aus zeitlichen Gründen ebenfalls oftmals gekürzt werden. So gibt es einige Szenen, die in der vollständigen Geschichte, im Buch eine sehr große Bedeutung für die Protagonisten oder den Verlauf der Handlung haben, allerdings nicht in den Film übernommen wurden.Wie also wirkt sich dies nun auf die Entwicklung aus und gibt es durch die Auslassungen fundamentale Veränderungen?

Die erste Beispielszene findet relativ weit am Anfang des Romans statt. Nach dem Treffen mit ihrer Freundin Kaitlyn im Einkaufszentrum, setzt sie sich auf eine Bank um in dem Buch, dass sie von Augustus empfohlen bekommen hat, weiterzulesen (vgl. Green S.54). Als sie ein kleines Mädchen auf ihre Sauerstoffflasche anspricht, lässt Hazel sie diese ausprobieren und zeigt absolut keine Berührungsängste gegenüber dem Kind, im Gegensatz zu ihrer sonst so zurückhaltenden, verschlossenen Art im Umgang mit Anderen (vgl. Green S.55). Die meisten Menschen sind eher gehemmt oder verlegen bei Kontakt mit ihr, jedoch nicht Kinder, die noch zu unwissend sind, um sich in ihrer Gegenwart anders zu verhalten (vgl. Green S.56). Dieser Ausschnitt zeigt, dass sie kein Problem damit hat, so direkt mit ihrer Krankheit und dem offensichtlichen herausstechen durch ihre Äußerlichkeiten konfrontiert zu werden. Ihr einziges Problem, sind nicht fremde Leute, oder die Tatsache ihrer Krankheit, sondern die unnatürlich erzwungenen Gespräche, aufgrund der Hilflosigkeit der Menschen, die nicht wissen, wie sie mit ihr und ihrer Erkrankung umgehen sollen.

Ein weiterer wichtiger Handlungsstrang, ist die Freundschaft zwischen Hazel und Isaac. Im Film wird dieser als Freund von Augustus vorgestellt, den sie über diesen kennengelernt. Ihre Beziehung ist allerdings eher zweitrangig und es wird nicht viel über diese in Erfahrung gebracht. Im Buch jedoch, stattet sie Isaac nach seiner Augenoperation, bei der er erblindet ist, einen Besuch im Krankenhaus ab (vgl. Green S.83). Dort Unterhalten die beiden sich und gehen von Albereien über zu einem sehr tiefgründigen Thema, der wahren Liebe (vgl. Green S.85). Er vertraut sich ihr über seine Gedanken und Gefühle für seine Ex-Freundin an, was zeigt, dass die beiden recht vertraut miteinander sind. Zudem stellt diese Szene heraus, dass Hazel eigenständig und nicht nur über Gus mit Isaac befreundet ist. Sie sorgt sich um ihn und die beiden haben eine emotionale Bindung. Hazel sind ihre Mitmenschen wichtig, was im Film ohne diese Stelle, nur durch ihre Beziehung zu Augustus Ausdruck findet, allerdings nicht, in Verbindung zu normalen Freunden. Sie wirkt so distanzierter, ausgeschlossener und abgeschotteter von der Außenwelt und der Welt der Gleichaltrigen, als sie ursprünglich im Buch dargestellt wird.

Ein weiteres Beispiel, welches die Innensicht der Protagonisten im Buch von der im Film unterschiedet, ist Hazels Reaktion auf die Beileidsbekundungen an Augustus Pinnwand, nach seinem Tod (vgl. Green S.282). Die klischeehaften Beileidsbekundungen machen sie wütend, da die meisten von Menschen stammen, die sie nie kennengelernt hat und die somit Augustus seit Monaten nicht mehr gesehen haben. „Du kriegst all die Freunde, wenn du keine Freunde mehr brauchst" (vgl. Green S.284). Sie verachtet die Leute, die ihr Beileid bekunden, jetzt wo Augustus nicht mehr da ist, aber sich vorher nicht darum bemüht haben noch Zeit mit ihm zu verbringen. Vor allem bezieht sie diese Erkenntnis auf sich selbst und fragt sich, ob die Menschen auch auf ihrer Pinnwand ihren Tod bedauern werden (vgl. Green S.112). Hazel beschäftigt sich viel ausführlicher mit dem Tod ihres Freundes und projiziert diesen auch auf ihr eigenes Schicksal, während im Film, Augustus Beerdigung ihr einziger Bewältigungsmoment ist, in dem sie direkt mit seinem Tod konfrontiert wird.

5.2 Veränderte Szenen

Zudem gibt es auch mehrere Szenen im Buch die verändert in den Film aufgenommen wurden. Eine sehr wichtige davon ist Hazels erster Besuch bei Augustus zu Hause. Nachdem sie sich in der Selbsthilfegruppe kennengelernt haben, lädt er sie zu sich nach Hause ein, um einen Film zu schauen (vgl. Green S.25). Im Film gehen die beiden, nach kurzer Begrüßen der Eltern, nach unten in sein Zimmer, welches sich im Keller befindet, um wie geplant den Film 'V wie Vendetta' zu gucken (vgl.00:15:08-00:15:45). Im Buch jedoch, darf Gus Hazel den Keller nur kurz zeigen und sie müssen danach wieder nach oben ins Erdgeschoss kommen, um den Film im Wohnzimmer zu sehen (vgl. Green S.36). Dies hebt den leicht vergessenen Fakt hervor, dass die Zwei, trotz ihrer Lebensgeschichten, immer noch sechzehn - und siebzehnjährige Teenager sind. Da Augustus Eltern im Film keinerlei Problem damit haben, sie allein unten in Gus Zimmer zu lassen, verleitet dies Hazel zur Annahme, dass sie nicht das erste Mädchen ist, welches er mit nach Hause bringt und sie fühlt sich etwas, wie eine von vielen. Währenddessen sie in dieser Szene im Roman, als etwas besonderes dargestellt wird. Als seine Eltern ihnen verbieten sein Vorhaben auszuführen und sie ins Wohnzimmer schicken, wirkt er nämlich sehr nervös und angespannt und ihm ist die Reaktion seiner Eltern peinlich (vgl. Green S.36). Es ist ihm folglich wichtig, wie er herüberkommt und was Hazel von ihm denkt, ganz anders als in der verfilmten Version.

6. Fazit

Zusammenfassend ist der Film nahezu gleich zum Roman, durch die fast komplett übernommen Dialoge, die Umsetzung der Protagonisten, passende Darstellung ihrer Gefühle und Entwicklung und der wenigen Veränderungen der Handlung. Teilweise werden ein paar Charaktereigenschaften der Protagonisten, durch die fehlenden Nebenfiguren und Szenen weniger deutlich herausgestellt oder überhaupt nicht zum Vorschein gebracht, jedoch wirkt sich dies nicht dramatisch verändernd auf die Handlung aus.

Augustus Leidensweg im Film, ist wesentlich abgeschwächter und weniger qualvoll dargestellt, als im Buch, welches jedoch auch aufgrund der angestrebten Zielgruppe, sicherlich altersbedingt etwas vermindert abgebildet wurde.

Insgesamt wird aber die Botschaft des Romans trotzdem wahrheitsgetreu vermittelt: Genieße jeden einzelnen Tag, denn das Leben ist ein wertvolles Geschenk für das man dankbar sein sollte. Der Film ist zwar etwas anders, aber deswegen keineswegs schlechter oder weniger gut.

7. Literatur - und Internetquellenverzeichnis

Primärliteratur:

[1] Green, John, *Das Schicksal ist ein mieser Verräter*. München: Deutscher Taschenbuch Verlag, 5. Auflage (2014)

Sekundärliteratur:

[1] Beicken, Peter, *Wie interpretiert man einen Film?*. Stuttgart: Philipp Reclam jun. (2004)

[2] Bohnenkamp, Anne; Lang, Tilman, *Interpretationen Literaturverfilmungen*. Stuttgart: Philipp Reclam jun. (2005)

[7] Rötzer, Hans Gerd (Hg.), *literatur verfilmung (Themen-Texte-Interpretationen)*. Bamberg: c.c. buchners Verlag (1999)

Internetquellen:

[1] El Kurdi, Hartmut, *Der Krebs und das Buch*. http://www.zeit.de/2012/41/John-Green-Schicksal-ist-ein-mieser-Verraeter (26.03.2016)

[2] Fokus online, *Das Schicksal ist ein mieser Verräter "Dieses Buch liefert den größten Kino-Hype seit Twilight*. http://www.focus.de/kultur/buecher/das-schicksal-ist-ein-mieser-verraeter-der-groesste-hype-seit-twilight_id_3919433.html (26.03.1017)

[3] Hellberg, Frank; Liebelt, Wolf, *Literaturverfilmungen im Unterricht*. http://www.fachdidaktik-einecke.de/6_Mediendidaktik/literaturverfilmung_im_unterr.htm (02.04.2017)

[4] Moldenhauer, Benjamin, *Das Schicksal ist ein mieser Verräter – Tränentreibende Glücksmomente*. http://www.spiegel.de/kultur/kino/das-schicksal-ist-ein-mieser-verraeter-der-film-nach-john-green-a-974089.html (26.03.2017)

Film:

[1] The Fault in Our Stars/Das Schicksal ist ein mieser Verräter (USA 2014), Regie: Josh Boone, Drehbuch: Scott Neustadter und Michael H. Weber